MÉDITER

Éditions Les arènes
27, rue Jacob, 75006 Paris
Tél. : 01 42 17 47 80
arenes@arenes.fr

MÉDITER se prolonge sur le site www.arenes.fr

Jon Kabat-Zinn

MÉDITER

108 LEÇONS DE PLEINE CONSCIENCE

NOUVELLE ÉDITION

Traduit de l'anglais
(États-Unis)
par Olivier Colette

LES ARÈNES

MESSAGE AU LECTEUR

De toutes les traductions de ce livre paru dans différentes langues, celle-ci me rend particulièrement heureux. Elle est le fruit des soins attentionnés de Catherine Meyer, des Éditions des Arènes, et de son équipe de conseillers, dont Charlotte Borch-Jacobsen, Claude Maskens et Geneviève Hamelet, de l'Association pour le Développement de la Mindfulness (ADM), sans oublier le traducteur, Olivier Colette, et « la voix » des méditations guidées, Bernard Giraudeau.

Les raisons de mon bonheur sont simples : d'une part, je voue un amour particulier à la culture française depuis un séjour à Paris en 1959-1960, où j'étais inscrit au lycée Henri IV, en classe de seconde ; et d'autre part, il me semble que la pratique laïque de la pleine conscience a mis longtemps à pénétrer les courants dominants de la culture française, alors qu'elle s'est développée de manière remarquable ces trente dernières années aux États-Unis, au Canada et dans d'autres pays d'Europe et du monde. Aujourd'hui, grâce au succès des ouvrages de Matthieu Ricard, aux traductions récentes de mes livres, Au cœur de la tourmente, la pleine conscience *et* L'Éveil des sens, *et à l'intérêt croissant porté par les médecins et les psychologues français à la MBSR (la réduction du stress basée sur la pleine conscience) ainsi qu'à la MBCT (la thérapie cognitive basée sur la pleine conscience), nous avons le sentiment que les choses changent rapidement. L'enseignement de la MBSR et de la MBCT a pris racine dans un certain nombre de pays francophones, en particulier en Suisse et en Belgique. Elle gagne à présent la France et s'étend rapidement. J'espère que ce livre-CD contribuera à cet essor dans l'ensemble de la société.*

En juin 2009, au cours d'un voyage à Paris, j'ai senti chez les personnes venues assister à mes conférences et à mes ateliers une forte motivation, ainsi qu'une soif de méthodes pratiques, sensées et surtout efficaces, susceptibles de développer la sérénité, la santé mentale, le bien-être et l'équilibre dans des vies très stressantes et parfois douloureuses. Rien ne peut catalyser ce changement de manière plus profonde et durable que la pratique de la pleine conscience, dont les effets positifs sur la santé sont démontrés par un corpus de recherches grandissant en médecine, psychiatrie, psychologie et neurosciences.

Avec ce livre et le CD qui l'accompagne, le lecteur a désormais la possibilité de pratiquer des méditations en pleine conscience accessibles, utilisées depuis de nombreuses années par des dizaines de milliers de patients, de professionnels de la santé, de dirigeants d'entreprises et autres aux États-Unis et dans le monde anglophone. La pratique des méditations guidées est destinée à être associée à la lecture de courts extraits de L'Éveil des sens, *rassemblés dans un livre intitulé en anglais* Arriving at Your Own Door, *dont* S'accueillir chez soi *est la traduction. Ces extraits sont voués à la fois à inspirer et à instruire le lecteur/pratiquant qui développe et approfondit une pratique méditative personnelle. L'expérience des dizaines de milliers de personnes qui ont pratiqué ces méditations nous montre qu'avec de la détermination et de la résolution, c'est une voie qu'il est possible de suivre seul pour le plus grand bien de chacun.*

Tous mes vœux vous accompagnent au fil de cette aventure de toute une vie, une aventure qui consiste à vous lier d'amitié avec vous-même et à animer votre monde en entretenant une intimité avec votre esprit, votre corps et votre cœur – moment après moment après moment et jour après jour après jour.

Jon Kabat-Zinn, 1er mars 2010

1

S'ACCUEILLIR CHEZ SOI

108 leçons de pleine conscience

Le temps viendra
où, plein d'allégresse,
tu t'accueilleras chez toi,
devant ton propre miroir,

et chacun sourira devant l'accueil de l'autre,
et dira assieds-toi. Mange.
Tu aimeras à nouveau l'étranger que tu étais pour toi-même.
Offre du vin. Offre du pain. Rends ton cœur
à ton cœur, à l'étranger qui t'a aimé

toute ta vie, que tu as ignoré,
pour un autre, qui te connaît par cœur.
Descends les lettres d'amour de l'étagère,

les photographies, les billets désespérés,
détache ta propre image du miroir.
Assieds-toi. Savoure ta vie.

Derek Walcott, L'Amour après l'amour

1 – SE LIER D'AMITIÉ

La pleine conscience est la conscience sans jugement de chaque instant, que l'on cultive en prêtant attention. La pleine conscience surgit naturellement de la vie. Elle peut être renforcée par la pratique. Cette pratique est parfois appelée méditation.

Mais la méditation n'est pas ce que vous croyez. La méditation consiste réellement à prêter attention, et le seul moyen de prêter attention, c'est à travers nos sens, tous nos sens, y compris l'esprit. La pleine conscience est une façon de **nous lier d'amitié** avec **notre expérience.** Bien entendu, notre expérience est vaste et inclut notre corps, notre esprit, notre cœur et le monde entier.

2 – PLEIN CŒUR

Dans les langues asiatiques, un même terme désigne la *conscience* et le *cœur*. Aussi, quand on entend « pleine conscience », **il faut aussi entendre intérieurement « plein cœur »** si l'on veut saisir sa portée comme concept, et surtout comme **façon d'être.**

3 – MOTIVATIONS

Beaucoup de gens sont d'abord attirés par la pleine conscience parce qu'ils sont stressés, parce qu'ils souffrent dans leur corps, d'une manière ou d'une autre, ou parce qu'ils ne sont pas satisfaits de certains éléments de leur vie. Ils pensent pouvoir y remédier grâce aux soins apaisants de l'observation directe, de l'investigation et de l'autocompassion. Le stress et la douleur deviennent alors **potentiellement des voies d'accès** et des **motivations précieuses à la pratique.**

4 – PRÊTER ATTENTION

Un érudit a décrit la pleine conscience comme « le passe-partout infaillible pour connaître l'esprit, et donc le point de départ ; l'outil parfait pour former l'esprit, et donc le point focal ; enfin, la manifestation sublime de la liberté accomplie de l'esprit, et donc le point culminant ».
Pas mal pour quelque chose qui se résume fondamentalement à prêter attention.

5 – UNIVERSELLE

On appelle la pleine conscience le *cœur de la méditation bouddhiste*. Pourtant, l'attention et la conscience n'ont rien de particulièrement bouddhiste. L'essence de la pleine conscience est véritablement universelle. Elle est liée à la nature de l'esprit humain plus qu'à une idéologie, une croyance ou une culture. Elle est liée à notre capacité à connaître, à ce que l'on appelle la sentience, plus qu'à une religion, une philosophie ou un point de vue particulier.

6 – DES IDÉES ARRÊTÉES SUR SOI-MÊME

Le Bouddha a déclaré un jour que le message fondamental de tous ses enseignements pouvait tenir en une seule phrase. Si c'est réellement le cas, il me semble plutôt judicieux de la retenir. On ne sait jamais quand elle peut servir, quand elle peut faire sens à nos yeux, même s'il n'en est rien l'instant d'avant. Cette phrase est : « *Ne pas s'accrocher au je-moi-mien.* » En d'autres termes, pas d'attachements – en particulier à des idées arrêtées sur soi-même et sur qui l'on est.

7 – LA PLEINE CONSCIENCE EST LA PLEINE CONSCIENCE

Quand elle est cultivée intentionnellement, on parle parfois de pleine conscience délibérée. Quand elle survient spontanément, comme elle tend à le faire de plus en plus souvent lorsqu'elle est cultivée intentionnellement, on parle parfois de pleine conscience sans effort. Mais au bout du compte, quels que soient les moyens d'y parvenir, la pleine conscience est la pleine conscience.

La meilleure façon de prendre soin du futur est de prendre soin du présent *maintenant*.

8 – PLEINEMENT CONSCIENT OU INCONSCIENT ?

À tout moment, nous pratiquons soit la pleine conscience ou, *de facto,* son contraire. Aussi pourrions-nous avoir envie d'être plus **responsables** de la façon dont nous abordons le monde, **intérieurement, extérieurement et à tout moment.**

9 – MÉDITATION

L*a méditation est une façon d'être, non une technique.* Le but de la méditation n'est pas de tenter d'accéder à un ailleurs, mais de permettre d'être exactement là où l'on est, tel que l'on est, et de permettre au monde d'être exactement tel qu'il est à cet instant même.

10 – CHANGER LE MONDE

Cela ne signifie pas que nos aspirations à réaliser des changements positifs, à rendre les choses différentes, à améliorer notre vie et le sort du monde soient inappropriées. Ces possibilités sont toutes bien réelles. En s'asseyant et en restant simplement immobile, on *peut* se changer et changer le monde. En fait, qui s'assied et reste immobile, d'une manière modeste mais non négligeable, a déjà atteint cet objectif.

11 – S'ÉCARTER DE SOI-MÊME

Mais le paradoxe est que l'on ne peut se changer ou changer le monde qu'à la condition de s'écarter un instant de soi-même, de **s'abandonner** et de permettre aux choses d'être telles qu'elles sont déjà, sans rechercher quoi que ce soit.

12 – RIEN N'EST CENSÉ SE PRODUIRE

Le plus étonnant, contrairement à ce que l'on serait tenté de croire, c'est que rien d'autre n'est censé se produire. En renonçant à tenter de faire se produire quelque chose de particulier, peut-être nous rendrons-nous compte que quelque chose de très particulier se produit déjà, et se produit en permanence, à savoir notre vie qui émerge en chaque instant dans la conscience.

13 – UN ACTE RADICAL

Par-dessus tout, j'en suis venu à considérer la méditation comme un acte d'amour radical, un geste intérieur de bienveillance et de bonté envers soi-même et les autres, un geste du cœur qui reconnaît notre perfection, y compris dans notre évidente imperfection – avec tous nos défauts, nos blessures, nos attachements, nos contrariétés et nos habitudes persistantes de non-conscience.

14 – S'EMPRISONNER

Chaque fois que nous sommes la proie d'un désir, d'une émotion, d'une impulsion non examinée, d'une idée ou d'une opinion, par notre façon de réagir **nous nous emprisonnons nous-mêmes instantanément,** de manière tout à fait concrète – qu'il s'agisse d'une habitude de repli ou de distanciation, comme dans la dépression et la tristesse, ou d'une explosion, voire d'un « kidnapping » émotionnel quand nous tombons tête la première dans l'anxiété ou la colère. Ces épisodes sont toujours accompagnés d'une contraction dans l'esprit comme dans le corps.

15 – LA PRATIQUE REND PARFAIT

Chaque fois que nous nous mettons en colère, nous améliorons notre capacité à la colère et nous renforçons notre habitude de colère. Quand nous bouillons littéralement, nous disons que nous voyons rouge, c'est-à-dire que nous ne voyons plus précisément ce qui se passe, et donc, en quelque sorte, que nous « perdons » l'esprit. Chaque fois que nous devenons égocentriques, nous progressons en égocentrisme et en non-conscience. Chaque fois que nous sommes anxieux, nous améliorons notre capacité à l'anxiété. La pratique rend bel et bien parfait.

Comme l'a dit
saint François :
« Ce que tu cherches
est celui qui
regarde. »

16 – POINT DE CONTACT

Tout comme une paire de chaussures nous évite de nous blesser l'orteil, la pleine conscience, si elle est appliquée au point de contact avec tout ce qui apparaît dans le mental ou dans le corps, ou avec tout événement nous concernant, qu'il soit menaçant ou séduisant, peut nous épargner, à nous-mêmes et aux autres, beaucoup de souffrance.

17 – MOMENTS NON VÉCUS

Chaque moment manqué est un moment non vécu. Chaque moment manqué augmente la probabilité de manquer le suivant et de le vivre confiné dans des habitudes de pensées machinales, de sentiments et de gestes automatiques, plutôt que dans, par et à travers la conscience.

18 – CHEZ SOI

Être présent est loin d'être trivial. C'est peut-être le travail le plus dur au monde. Oubliez le « peut-être ». C'est vraiment **le travail le plus dur** au monde – du moins **maintenir** la présence. Et le plus important. Quand on plonge dans la présence, on le sait instantanément, on se sent instantanément chez soi. Et, étant chez soi, on peut se libérer, lâcher prise, demeurer dans son être, se reposer dans la conscience, dans la présence elle-même, en sa propre compagnie.

19 – DE TOUT CŒUR

De plus, la vie est incomparablement intéressante, révélatrice et grandiose quand nous nous ouvrons de tout cœur à elle et que nous prêtons attention aux détails.

20 – DOULEUR

Si vous accédez à la pure conscience alors que vous souffrez, même pour un très bref instant, la relation que vous entretiendrez avec votre douleur se modifiera instantanément. Elle ne peut pas ne pas changer car le fait même de l'étreindre, même un court instant, même une seconde ou deux, révèle déjà sa plus grande dimensionnalité. Et cette modification de votre relation à l'expérience vous donne plus de **marge de manœuvre dans votre attitude** et dans vos actions pour une situation donnée, quelle qu'elle soit… même si vous ne savez pas quoi faire.

21 – AU-DELÀ DE LA PENSÉE

La non-connaissance est un type de connaissance en soi quand elle est elle-même **étreinte dans la conscience.** C'est étrange, j'en conviens, mais si vous pratiquez régulièrement, cela peut commencer à faire sens, viscéralement, dans vos tripes, bien plus profondément que par la pensée.

La conscience est
un espace très vaste
à habiter.

22 – TOUT MOMENT

Demeurer dans la conscience à tout moment implique de s'en remettre à tous ses sens, d'entrer en contact avec des paysages intérieur et extérieur formant un tout indivisible, et donc avec toute la vie qui se déploie dans sa plénitude à tout moment et partout où l'on se trouve, à l'intérieur comme à l'extérieur.

23 – TRANSFORMATION ET GUÉRISON

La pleine conscience n'apaise peut-être pas notre immense douleur en toutes circonstances. Mais elle ouvre plus largement ses bras pour recueillir tendrement et connaître intimement notre souffrance en toutes circonstances, ce qui s'avère transformateur – et curatif.

24 – PILOTE AUTOMATIQUE

Nous prêtons attention de manière si **sélective** et **confuse** que nous manquons souvent de voir ce que nous avons sous les yeux et même d'entendre les sons portés par l'air, bien qu'ils pénètrent manifestement nos oreilles. Il en est de même pour nos autres sens. Peut-être l'avez-vous déjà remarqué chez vous-même ?

25 – PERTES DE CONTACT

Il est tellement facile de regarder sans voir, d'écouter sans entendre, de manger sans rien sentir, d'ignorer le parfum de la terre humide après une averse, et même de toucher les autres sans être conscient des émotions que l'on échange. En fait, nous appelons pertes de contact ces occasions particulièrement fréquentes où nous passons à côté de ce qui nous est donné à sentir ou à percevoir, qu'elles impliquent notre vue, notre ouïe ou nos autres sens.

26 – RÉELLEMENT ICI

En général, nous voyons ce que nous voulons voir plutôt que ce que nous avons sous les yeux. Nous regardons mais sans forcément appréhender ni comprendre. Peut-être nous faut-il accorder notre vision comme nous accordons un instrument, pour augmenter sa sensibilité, sa portée, sa clarté ? Il s'agirait alors de voir les choses telles qu'elles sont réellement, et non telles que nous voudrions ou redouterions qu'elles soient, ou ce que nous sommes conditionnés socialement à voir ou à ressentir.

27 – CULTIVER L'INTIMITÉ

D'une manière ou d'une autre, notre capacité à voir clairement est souvent troublée par notre mental. Aussi, si nous souhaitons saisir la vie pleinement, devons-nous nous exercer à voir **à travers,** ou **derrière,** l'apparence des choses. Nous devons entretenir une intimité avec le flux de notre propre pensée, qui colore tout dans le domaine des sens, si nous voulons percevoir les paysages intérieur et extérieur – y compris tout ce qui se produit en leur sein – dans leur réalité, tels qu'ils sont réellement, dans la mesure où ils peuvent être connus.

28 – SE TOURNER VERS

Nous éveiller à notre vie et vivre la vie qui est la nôtre passe par l'acceptation de la tourmente de la condition humaine. Il s'agit notamment de refuser que le mal-être et *dukkha* (la souffrance, l'insatisfaction) ne soient pas remarqués ou identifiés, qu'ils soient grossiers ou subtils. Il s'agit d'être prêts à nous **tourner vers** et à **travailler avec** tout ce qui peut survenir dans le champ de notre expérience, de savoir ou de ne pas douter que tout peut être façonné, en particulier si nous sommes prêts à réaliser nous-mêmes un certain type de travail, le travail de la conscience.

Rester seul, assis
et silencieux, l'espace
d'un instant est
effectivement un acte
d'amour radical.

29 – CONNECTÉS 24H/24 ET 7J/7

Avec nos téléphones portables et nos agendas électroniques, nous pouvons désormais être en contact à tout moment, avec tout le monde et n'importe qui. Mais en même temps nous courons le risque de **n'être jamais en contact** avec nous-mêmes.

30 – MOMENTS INTERMÉDIAIRES

Et si nous **ne nous connections pas** à qui que ce soit dans nos moments « intermédiaires » ? Si nous prenions conscience qu'il n'y a en réalité aucun moment intermédiaire ? Et si nous étions en contact avec celui ou celle qui se trouve à **ce** bout du fil-ci, plutôt qu'à l'autre ? Si, pour changer, nous nous appelions nous-mêmes pour vérifier, voir ce que nous devenons ? Si nous étions simplement en contact avec **nos** sensations, y compris dans les moments où nous nous sentons peut-être engourdis, accablés, blasés, confus, anxieux, déprimés, et où il nous reste encore une tâche à accomplir ?

31 – CONSCIENCE ILLIMITÉE

La conscience est fondamentalement non conceptuelle – elle précède le moment où la pensée scinde l'expérience en un sujet et un objet. La conscience est également vide et peut donc tout contenir, y compris la pensée. Elle est illimitée. Et, étonnamment, elle est intrinsèquement connaissante.

32 – QUELQU'UN OU PERSONNE ?

Qui croyons-nous être réellement ? Et *que* croyons-nous être ? Nous évitons de nous pencher sérieusement sur ces questions, bien que ce soient les plus essentielles. Si nous pensons être *quelqu'un*, peu importe qui nous sommes, nous avons tort. Et si nous pensons n'être *personne*, nous avons également tort. Peut-être est-ce notre pensée même qui pose problème ici.

33 – VASTE MÉ-PRISE

Si nous ne surveillons pas attentivement notre relation aux pronoms personnels, nous prendrons automatiquement les choses de manière personnelle, alors qu'il n'en est rien. Par la même occasion, nous manquerons, ou mé-prendrons, ce qui est réellement.

34 – RÉALITÉ ONIRIQUE

Les appels à l'éveil nous surprennent à croire et à vivre dans une réalité onirique, à laquelle nous sommes tellement **attachés** personnellement – surtout si le rêve semble agréable – et dans laquelle nous sommes tellement investis émotionnellement que nous ne sommes ni disposés ni capables de la percer à jour.

35 – RICHESSE DU PRÉSENT

Il n'existe pas d'autre temps que le temps présent. Nous n'« allons » nulle part, contrairement à ce que nous pensons. Aucun autre moment ne sera jamais aussi riche que le moment présent. Bien que nous puissions imaginer qu'un moment à venir puisse être plus ou moins agréable que celui-ci, nous n'avons aucun moyen d'en être certains. Mais quel que soit ce que vous réserve l'avenir, il ne sera ni ce que vous attendez ni ce que vous pensez et, de toute façon, lorsqu'il viendra, il sera également devenu **l'instant présent.** Un instant que vous pourrez manquer très facilement, au moins aussi facilement que celui-ci.

Même le silence
le plus court est
à la fois une manière
de pénétrer le présent
et de poursuivre
son chemin.

36 – VOUS Y ÊTES

L'instant présent est déjà le futur et est déjà ici. Il est le futur du moment précédent tout juste écoulé, et de tous ceux qui l'ont précédé. Rappelez-vous brièvement votre propre passé… Le vous que vous espériez devenir, c'est vous. Ici même. À cet instant même. Vous y êtes. Vous ne l'aimez pas ? Qui ne l'aime pas ? Et qui pense cela ? Qui exige mieux de « vous » ? Qui aurait voulu que vous tourniez différemment ? Ce vous est-il également vous ? Réveillez-vous ! Vous y êtes. Vous avez déjà pris votre tournant.

37 – CHAQUE MOMENT EST UN EMBRANCHEMENT

Chaque moment du présent est ce que l'on pourrait appeler un embranchement. Nous ignorons ce qui va se passer ensuite. Le moment présent est riche de possibilités et de potentialités. Si nous sommes présents à ce moment, la qualité du moment suivant est par nature affectée. Si nous souhaitons prendre soin de l'avenir, la seule alternative est de voir en chaque moment un embranchement et de prendre conscience que le lien que nous entretenons avec lui détermine radicalement la façon dont se déploieront le monde et notre unique, sauvage et précieuse vie, pour reprendre le vers exquis de Mary Oliver.

38 – SE RAPPELER À SOI-MÊME

Nous pouvons garder à l'esprit et nous rappeler continuellement que nous **pouvons** demeurer dans la conscience **quel que soit l'objet de l'attention** – le souffle, divers aspects du corps, les sensations et les perceptions, la myriade de pensées et de sentiments qui traversent notre mental –, ou dans une conscience vaste, illimitée et ouverte au-delà de l'agir, en étant la connaissance qu'est la conscience même.

39 – AGIR ET ÊTRE

À partir de cette connaissance, nous pouvons agir de manière adéquate dans l'instant présent pour affronter tout ce qui doit être affronté, à l'extérieur comme à l'intérieur. C'est ce que l'on entend par laisser l'agir **découler de l'être.**

40 – « CONSCIENTISATION »

Parfois je parle de « conscientisation » plutôt que de conscience pour souligner la notion de processus, d'expérience en cours de déploiement et de connaissance. La conscientisation est une fonction primordiale de notre esprit. Bien que nous soyons peu performants dans ce domaine faute de nous montrer systématiquement attentifs, notre conscientisation est capable de compenser et de moduler une autre aptitude primordiale de notre mental, par ailleurs très développée et trop souvent inexacte ou incomplète – je veux parler de notre pensée.

41 – PRENDRE POSITION

Quand on parle de méditation assise formelle, il faut comprendre ce qu'être assis *signifie.* Il ne s'agit pas simplement de prendre place. Mais de prendre place dans et en **relation** avec l'instant présent. Prendre position dans sa vie, assis. C'est la raison pour laquelle adopter et maintenir une posture qui incarne la **dignité** – quel que soit le sens que l'on attribue à ce terme – est l'essence de la méditation assise.

42 – PURE PRÉSENCE

L'incarnation de la dignité intérieure et extérieure reflète et irradie immédiatement la souveraineté de votre vie, le fait que vous soyez qui vous êtes et ce que vous êtes – au-delà des mots, des concepts et des descriptions, et au-delà de ce que l'on pense de vous, voire de ce que *vous-même* pensez de vous. Il s'agit d'une dignité sans affirmation de soi – qui ne s'achemine pas *vers* quoi que ce soit, ni ne recule *devant* quoi que ce soit –, un **équilibre** dans la pure présence.

Vous serait-il
possible d'être ici,
où que vous soyez ?

43 – CHAMP DE CONSCIENCE

Une fois en position assise, nous nous livrons à l'instant présent. Nous pouvons nous représenter n'importe quelle partie de notre expérience au centre du champ de la conscience, mais le corps est un bon point de départ… en particulier les sensations du corps assis qui respire.

44 – SENTIR LE SOUFFLE

Il ne s'agit pas de penser au souffle ou aux sensations du souffle mais de sentir le souffle, de chevaucher les vagues du souffle comme une feuille sur un étang, ou comme si nous étions à bord d'un radeau flottant sur les douces vagues d'un océan ou d'un lac, sentant les sensations du souffle, moment après moment.

45 – SE RAPPELER

Quand nous constatons, comme cela arrive sans cesse, que l'esprit s'est éloigné du centre premier de notre attention – qu'il s'agisse du souffle, de différentes sensations corporelles, de la sensation du corps dans son ensemble, du voir, de l'entendre, du sentir ou du flux des pensées, peu importe ce à quoi nous sommes attentifs –, sans juger ni condamner nous notons simplement ce que nous avons à l'esprit à l'instant où nous nous rappelons le centre initial de notre attention, le souffle par exemple, et où nous nous rendons compte que nous avons perdu contact avec lui depuis un certain temps.

46 – SIMPLEMENT ATTENTIF

Nous notons que la prise de conscience que nous ne sommes plus avec le souffle est elle-même **conscience,** et nous retrouvons ainsi l'instant présent. Mais, surtout, nous n'avons pas à chasser ni à repousser, ni même à nous rappeler ce qui préoccupait l'esprit l'instant d'avant. Nous laissons simplement le souffle retrouver sa place comme objet premier de notre attention, puisqu'il n'a jamais été absent et qu'il nous est accessible à cet instant même, comme à tous les autres instants.

47 – PROLIFÉRATIONS SÉDUISANTES

Il est extrêmement difficile d'observer ses pensées et ses sensations car elles **prolifèrent** avec frénésie et, bien qu'insaisissables et évanescentes, elles n'en restent pas moins très séduisantes.

Peut-être avons-nous
peur d'être moins que
ce que nous pensons
être, alors qu'en réalité
nous sommes bien
bien plus.

48 – LES PENSÉES SONT-ELLES VRAIES ?

En général, nous sommes très attachés à nos pensées et à nos sensations, quelles qu'elles soient, et nous nous fions aveuglément à leur contenu, comme s'il s'agissait de la vérité, en reconnaissant rarement que pensées et sensations sont en réalité des **événements discrets** au sein du champ de la conscience, des apparitions minuscules et fugaces qui sont le plus souvent, au moins en partie sinon essentiellement, inexactes et peu fiables.

49 – ÉGOCENTRISME

Nos pensées peuvent parfois contenir une part de pertinence et d'exactitude, mais souvent elles sont au moins en partie **déformées** par nos penchants égocentriques et cupides, nos ambitions, nos aversions, et notre tendance à succomber à nos ambitions et à nos aversions, ou à les négliger.

50 – RÉHABILITATION

La réhabilitation du corps – au sens où nous l'habitons pleinement et entretenons avec lui une intimité, tel qu'il est, peu importe ce qu'il est – est une caractéristique universelle de la pratique en pleine conscience, y compris du yoga en pleine conscience. Comme il n'y a pas grand intérêt à parler du corps indépendamment de l'esprit, ou de l'esprit indépendamment du corps, nous parlons inévitablement de la **réhabilitation** de notre être complet, et du rétablissement de la complétude, moment après moment, pas à pas, et souffle après souffle, en partant, comme toujours, de là où nous nous trouvons maintenant.

51 – LA CONSCIENCE MÊME

C'est la conscience même, plutôt que les objets de notre attention, qui importe. Pouvons-nous demeurer dans la conscience même, être la conscience, la dimension de notre propre mental qui connaît immédiatement tout mouvement en son sein, toute apparition d'une pensée ou d'une émotion, une idée, une opinion, un jugement, une aspiration ? Dans la conscience, chaque pensée peut être vue et connue. Son contenu est vu et connu pour ce qu'il est. Sa charge émotionnelle peut être vue et connue pour ce qu'elle est.

52 – BULLES DE SAVON

Et c'est tout. Nous n'intervenons pas pour la rechercher ou la réprimer, l'agripper ou la repousser. Chaque apparition est simplement vue et connue, reconnue, si vous préférez, et ainsi « touchée » par la conscience même, par son enregistrement instantané comme pensée. Et dans ce contact, dans cette connaissance, dans cette vision, la pensée, telle une bulle de savon touchée du bout des doigts, se dissipe, se dissout, s'évapore instantanément. On pourrait dire, à la manière des Tibétains, qu'en cet instant de reconnaissance, la pensée, quelle qu'elle soit, **s'autolibère.**

53 – VAGUES

Toutes les pensées sont des événements – elles apparaissent et disparaissent dans la vastitude du champ de la conscience même, sans effort de notre part, sans intention de notre part, tout comme les vagues de l'océan s'élèvent un instant, puis retombent dans l'océan même, perdant ainsi leur identité, leur relative individualité momentanée, pour retourner à leur nature indifférenciée. C'est la conscience qui se charge du travail. Nous n'avons rien à faire, hormis cesser de nourrir la pensée, interrompant ainsi sa prolifération en une autre pensée, une autre vague, une autre bulle.

Vouloir rallier un port
plus désirable dans
un temps à venir est
une illusion. Nous
y sommes déjà.

54 – UNE LIBÉRATION MUTUELLE

Grâce à une pratique constante, nous finissons par voir que nous pouvons demeurer dans notre être sans nous laisser aussi souvent enfermer dans nos pensées et nos émotions. Notre discours et nos actions, mais également notre façon d'être dans notre corps et les expressions de notre visage, ne sont plus aussi étroitement associés à nos pensées. Parce que nous **voyons** plus clairement d'un moment à l'autre, nous pouvons laisser filer de plus en plus d'impulsions imprudentes, réactives, égocentriques, agressives ou craintives, comme elles-mêmes nous laisseront filer grâce à notre connaissance. Une libération mutuelle se produit donc au moment où nous voyons et savons que nos pensées ne sont que des pensées, non la vérité des choses, et certainement pas des représentations exactes de qui nous sommes. En étant vues et connues, elles ne peuvent que s'autolibérer, et, nous-mêmes, à ce moment-là, en sommes libérés.

55 – SE PRODUIT TOUJOURS

En guise d'expérience, voyez si vous pouvez demeurer ici dans la pure conscience de l'entendre. **En vous livrant** encore et encore, une fois après l'autre, à un entendre qui se produit toujours sans que vous ayez à faire quoi que ce soit ni à fournir le moindre effort… en vous ouvrant aux sons et aux intervalles entre les sons, au silence au sein et en dessous des sons.

56 – ÊTRE

L'essentiel dans la pratique n'est pas de faire, ni de « bien faire ». L'essentiel est d'être – et d'**être** la connaissance, y compris la connaissance de la non-connaissance.

57 – EN QUÊTE D'UNE MEILLEURE EXPÉRIENCE

Si nous ne parvenons pas à nous montrer doux et tolérants envers nous-mêmes et les expériences que nous vivons, si nous sommes sans cesse en quête d'une meilleure expérience afin de convaincre les autres ou nous-mêmes que nous « faisons des progrès », ou que nous devenons une meilleure personne, peut-être devrions-nous commencer par réfléchir aux **raisons** qui nous poussent à pratiquer. Peut-être serait-il plus sage et compatissant d'y renoncer plutôt que de tomber une fois de plus dans l'agir et l'acharnement.

58 – RÉTICENCE

Car nous nous imposerons certainement beaucoup de stress et de souffrances, puis nous finirons par reprocher à la méditation de « ne pas marcher », alors qu'il serait plus juste de dire que nous étions **réticents** à « travailler avec » les choses telles que nous les avons trouvées.

59 – ACCEPTATION ET COMPASSION

La terre de la pratique requiert l'engrais de **l'autoacceptation** et de **l'autocompassion** profondes. La dureté et l'acharnement n'engendrent en définitive qu'inconscience et insensibilité, accentuant notre fragmentation au moment même où nous avons l'occasion de reconnaître que nous sommes déjà bien, déjà entiers.

La douceur n'est
pas un luxe mais une
exigence capitale pour
revenir à nos sens.

60 – LES OBSTACLES SONT DES ALLIÉS

Les obstacles à la pratique sont infinis. Mais tous deviennent des **alliés** quand ils sont étreints en conscience. Ils peuvent nourrir la pratique plutôt que l'entraver si nous les reconnaissons pour ce qu'ils sont et si nous leur permettons de faire simplement partie du paysage de l'instant présent car, merveille des merveilles, ils sont déjà.

61 – PASSION

Le soutien le plus important à la pratique de la pleine conscience est la qualité de notre motivation. Aucune aide extérieure ne peut remplacer cette passion douce mais résolue de la vie, de chacun de ses instants, cette envie de la vivre comme si elle **importait réellement,** en sachant combien il est facile de passer à côté de pans entiers de notre vie à cause de notre inconscience et de notre automaticité, mais également de notre profond conditionnement. C'est la raison pour laquelle il est important de pratiquer comme si notre vie en dépendait. Parce que **c'est le cas.**

62 – DU TEMPS POUR SOI

Ce n'est qu'à partir du moment où vous soupçonnerez que votre vie dépend réellement de votre pratique que vous trouverez **l'énergie** et **la motivation nécessaires** pour vous réveiller plus tôt qu'à l'accoutumée et profiter d'un moment ininterrompu pour vous-même, un moment destiné simplement à être, un moment en dehors du temps – ou pour fixer un autre moment de la journée qui vous convient davantage pour pratiquer, y compris quand vous êtes très occupés et que vous n'en avez pas envie.

63 – PRATIQUE INFORMELLE

Et surtout, nous pouvons laisser la vie même devenir la vraie pratique méditative, jusqu'à **vouloir appliquer la pleine conscience à chaque moment,** peu importe ce que nous faisons ou ce qui se passe. Bien que l'on parle dans ce cas de *pratique informelle,* on peut finir par avoir l'impression que c'est la pratique qui nous fait plutôt que le contraire.

64 – PROFESSEURS

Au final, si la vie même est la vraie pratique méditative, vous constaterez que **tout** et **tous** dans **notre vie** sont vos **professeurs,** et que chaque moment, chaque événement, sont des occasions de pratiquer et de voir sous l'apparence des choses.

65 – ÉVEIL

Tout concourt à l'éveil quand on est prêt à se laisser éveiller tendrement mais constamment en revenant à ses sens. Tout. Mais il faut un cœur vaillant et un esprit capable de percevoir la folie dans l'attachement… à toute chose.

66 – ARRIVER À ACCEPTER

Guérir, c'est **arriver à accepter** les choses telles qu'elles sont, plutôt que de s'acharner à vouloir qu'elles soient telles qu'elles étaient, ou telles que l'on voudrait qu'elles soient pour se sentir en sécurité ou pour que les choses se passent à notre manière.

Étendre la portée
de notre cœur nous
permet de vivre
dans le monde en
incarnant une sagesse
et une compassion plus
grandes, un amour
bienveillant et une
équanimité plus vastes ;
et au final, la joie
inhérente d'être
en vie.

67 – CORPS HABITÉ

Il est utile d'exercer l'esprit à habiter le corps, à laisser l'expérience de l'être en vie coïncider avec le corps, étreindre le corps, non comme s'il s'agissait d'un état fixe, mais d'un flux vital se déployant constamment, moment après moment. Le corps devient alors notre allié et nous aide à comprendre ce que nous sentons et ressentons réellement.

68 – S'ENTENDRE PENSER

Lorsqu'on commence à s'ouvrir au calme et au silence, on est stupéfait d'entendre **uniquement** ses propres pensées, qui peuvent être plus bruyantes, plus dérangeantes et plus distrayantes que tout bruit extérieur.

69 – LIBERTÉ

Quand nous ne leur prêtons pas attention, nos pensées dirigent notre vie sans même que nous le sachions. Si nous les appréhendons en pleine conscience, nous avons la possibilité de mieux nous connaître nous-mêmes et de voir ce que nous avons à l'esprit, mais également **d'étreindre nos pensées différemment, avec plus de sagesse,** de sorte qu'elles ne dirigent plus notre vie.

70 – ACCEPTER CE QUI EST

Acceptation ne signifie pas, quels que soient les efforts d'imagination qu'on déploie, résignation passive. Bien au contraire. Il faut énormément de courage et de motivation pour accepter ce qui est – en particulier quand ce n'est pas à notre goût – et pour travailler le plus consciemment et le plus efficacement possible sur notre situation, avec les ressources à notre disposition, pour établir des liens de sagesse avec ce qui est – ce qui peut signifier, à un moment donné, atténuer, guérir, rediriger ou changer ce qui peut être changé.

La conscience
anime les sens
quand elle
les étreint.

71 – PIVOTER DANS LA CONSCIENCE

Quand nous adoptons une façon plus juste et plus exacte de voir, de connaître et d'accepter ce qui est, **la dynamique de ce qui est s'en trouve déjà modifiée.** Cette rotation dans la conscience tend à entraîner des modifications très intéressantes.

72 – LE OUI INFIDÈLE

Dire « oui » à trop de choses pour pouvoir leur être présent avec aisance et intégrité revient à dire « non » à toutes ces choses, à tous ces gens et à tous ces lieux auxquels nous avons déjà dit « oui », y compris peut-être à notre propre bien-être.

73 – TENDRESSE ET RESPECT

Un des défis de la pleine conscience est d'être en contact avec les rythmes naturels de notre vie qui se déploie, même si nous nous sentons parfois loin d'eux, même si nous avons complètement perdu contact avec eux, et s'il nous faut écouter à nouveau ces cadences et ces appels intérieurs, avec **beaucoup de tendresse et de respect.**

74 – S'ACCUEILLIR CHEZ SOI

À tout moment nous parvenons à notre propre porte. **À tout moment nous pourrions l'ouvrir.** À tout moment nous pourrions nous remettre à aimer l'étranger que nous étions pour nous-même, cet étranger qui, comme l'affirme le poème, nous connaît par cœur.

75 – S'INSTALLER DANS SON CORPS

Que diriez-vous de **vous installer dans votre corps,** dans la sensation d'être simplement en vie, l'espace d'un instant, ou cinq minutes à la fin de la journée ; de rester étendu sur le lit, voire assis à ne rien faire, le soir ou au lever du jour, avant même que vous ne sortiez du lit ?

76 – SOYEZ LÀ OÙ VOUS ÊTES

Quand vous prenez une douche, **vérifiez** que vous êtes bien dans la douche. Il se peut que vous soyez déjà à une réunion de travail. Peut-être même que la réunion entière est dans la douche avec vous.

La conscience
est immanente et
infiniment disponible,
mais elle est camouflée,
tel un animal farouche
dans la forêt.

77 – PAS DE MEILLEUR ENDROIT

S'allonger et observer les nuages, se laisser bercer par le chant des oiseaux ou la brise du désert, percevoir l'air autour de son corps, la chaleur dégagée par les parois d'un canyon, le jeu de la lumière sur la pierre… ou sentir les muscles de sa nuque se raidir lorsqu'on essaie de trouver une place de parking au centre-ville, qu'une tempête de neige fait rage et que l'on est déjà en retard à son rendez-vous…

Peu importe ce qui s'offre à vous à l'endroit où vous vous trouvez – un coin sauvage, une grande ville ou une banlieue, en réunion avec des collègues ou tout seul, **pourquoi rejeter l'endroit où vous vous trouvez ?** Pourquoi chercher l'excitation, le divertissement ou la distraction ailleurs, alors que la vie se déploie toujours ici et maintenant, et qu'**il n'existe ni meilleur endroit ni meilleur moment ?**

78 – SANS FILTRE

On ne peut faire l'expérience d'un endroit qu'à condition d'être présent sans ses filtres habituels. Autrement, on ne peut être que dans le concept ou l'idée que l'on se fait de l'endroit en question – qu'il s'agisse de chez soi, de son lieu de travail ou d'une destination de vacances exotique. La carte postale du bout du monde est alors parfaitement adaptée : « *Je m'éclate. Dommage que je ne sois pas là.* » Mais vous y êtes ! Vous y êtes !

79 – CHANGEMENTS DE CONDITIONS

On pourrait dire qu'H_2O est la nature fondamentale ou véritable de l'eau (son essence originelle). Selon les conditions, elle peut se manifester sous différentes formes : solide, liquide ou gazeuse. Dans chacun de ces états, ses propriétés, son apparence extérieure, la « sensation » qu'elle provoque seront différentes, et elle se comportera différemment dans le monde. Il en est de même du mental et du corps.

80 – STRESS

Selon les circonstances, le mental et le corps peuvent aussi donner l'impression de passer par des phases. Les changements de conditions peuvent provoquer ou réduire certaines pressions. Ils peuvent augmenter ou abaisser la température sur le plan émotionnel, cognitif, somatique ou spirituel. Nous appelons ces changements qui exigent de notre part une forme quelconque d'adaptation des « facteurs de stress », et nous appelons notre expérience de ces changements, en particulier si nous n'y répondons pas de manière adaptée, le « stress ».

Aie confiance.
Les feuilles ne
tombent-elles pas
juste comme ça ?

81 – VASTITUDE

Parfois, si les conditions sont telles que nous nous sentons libres des pressions de la vie et que les choses ne semblent pas nous échauffer au point d'ébullition ni nous geler au point de nous rigidifier, l'esprit peut être très vaste. Comme un gaz, il se dilate infiniment et subsume tout ce qui se passe en lui, ou, comme l'eau, il s'écoule librement, sans être bloqué ni détourné par des rochers ou tout autre obstacle sur son trajet.

82 – VRAIE NATURE

Si l'on peut dire que la conscience même est en un sens notre vraie nature, alors demeurer en elle peut nous **éviter de rester bloqué** dans tout état mental ou corporel, toute pensée ou émotion, peu importe la gravité de la situation, réelle ou perçue comme telle. Mais quand nous nous sentons prisonniers des glaces, par exemple, nous ne croyons même pas à la possibilité de l'eau, et nous oublions que notre vraie nature transcende toutes les formes qu'elle peut adopter.

83 – SE DÉBLOQUER

Une chose est certaine. Dans les premiers temps, nous serons encore et encore bloqués, peu importe ce que nous ferons ou penserons. Être bloqué encore et encore fait également partie de la pratique, à condition que nous soyons disposés à voir cela et à le travailler par un lâcher-prise continuel, et par une **gentillesse continuelle** envers nous-mêmes.

84 – « CENSÉ »

Plus les choses vont dans « notre sens » pendant quelque temps, plus nous sommes enclins à croire que c'est le sens dans lequel elles sont censées aller. Et quand elles ne vont pas dans « notre sens », ce qui arrive tôt ou tard, nous nous mettons en colère, nous sommes déçus, déprimés, anéantis, en oubliant qu'il n'était pas « censé » y avoir de sens du tout.

85 – LA MORT ET LA VIE

En réalité, la mort est génétiquement programmée dans la vie. Beaucoup de cellules parfaitement saines doivent mourir pour permettre à l'organisme global de se développer et de s'optimiser. Cette mort cellulaire sélective est déjà en cours au moment où nos membres et systèmes d'organes se développent *in utero*, et elle se poursuit tout au long de notre existence. En fait, il est absolument nécessaire qu'un grand nombre de nos cellules meurent et qu'elles sachent à quel moment le faire, pour maintenir la vie. **Nous mourons un peu chaque jour,** tout comme nous naissons un peu chaque jour.

« Seul ce jour se
lève auquel nous
sommes éveillés. »

***Walden*, Thoreau**

86 – CONNAÎTRE LA MORT

À des rythmes différents, toutes nos cellules vivent un certain temps, avant de mourir et d'être remplacées par de nouvelles cellules. C'est le cas pour notre peau, la paroi de notre estomac et de nos intestins, nos muscles et nos nerfs, notre sang et nos os. Il se produit simultanément une apparition et une disparition. **Sans la disparition, il ne peut y avoir d'apparition, ni de développement.**

Peut-être nos cellules mêmes essaient-elles de nous dire que la mort n'est pas une si mauvaise chose et qu'il ne faut pas en avoir peur. Peut-être notre connaissance de la mort, notre aptitude à prédire son inévitabilité sans pour autant en savoir le moment exact, est-elle un aiguillon qui nous pousse à nous éveiller à notre vie, à la vivre tant qu'il en est encore temps, pleinement, passionnément, sagement, avec amour et joie.

87 – INTEMPOREL

En mourant au passé, en mourant au futur, en mourant au « je-moi-mien », nous sentons l'essence-esprit, qui est intrinsèquement vide de tout concept de soi, de tout concept, de toute pensée, qui n'est que ce potentiel dans lequel toute pensée et toute émotion surviennent. Cette sensation, cette connaissance est intensément vivante ici et, dans l'intemporalité de cet instant présent, à jamais.

88 – SE SOUVENIR

S'accueillir chez soi est avant tout une question de souvenir, de reconquête de ce que nous sommes déjà et que nous méconnaissons depuis trop longtemps, parce que nous avons été emportés – en apparence seulement – de plus en plus loin de chez nous, bien que jamais plus loin que ce souffle et ce moment.

89 – ÉVEILLÉ EN CET INSTANT

Le temps viendra, affirme le poète. Oui, le temps viendra, mais faut-il que nous attendions d'être sur notre lit de mort pour nous éveiller à nous-mêmes et à ce que nous sommes réellement, comme le prédisait Thoreau ? Ou ce moment peut-il être celui-ci, à cet instant, là où nous sommes, tels que nous sommes ?

Car en définitive qu'y
a-t-il d'autre à faire ?
Comment pourrons-
nous en définitive
être libres autrement ?
Comment pouvons-
nous en définitive être
qui nous sommes déjà
autrement ?

90 – L'ÉVEIL DES SENS

Le temps viendra, oui, mais seulement si nous nous appliquons à nous éveiller, à revenir à nos sens et à cultiver la pleine capacité de notre esprit et de notre cœur, trop souvent tenus pour acquis et non examinés. **Seulement si nous parvenons à percevoir** les chaînes de notre conditionnement mécanique, en particulier de notre conditionnement émotionnel, et notre vision de celui ou celle que nous croyons être. Seulement si nous détachons notre propre image du miroir, et que, dans la perception, dans la vision de ce qui est ici pour être vu, dans l'entendre de ce qui est ici pour être entendu, nous observons les chaînes se dissoudre dans la vision, dans l'entendre, tout en pivotant dans notre plus vaste beauté originelle, tout en nous accueillant au seuil de notre propre porte, tout en nous remettant à aimer l'étranger que nous étions pour nous-même.

91 – AMOUR SANS LIMITE

Pouvons-nous éprouver un amour sans limite ? Pouvons-nous être compatissants ? Pouvons-nous être sages ? Ce sont là les défis qui nous attendent dans le monde extérieur, mais également dans le monde intérieur de notre mental et de notre cœur. Le fait que le monde intérieur et le monde extérieur soient le reflet l'un de l'autre nous donne des occasions infinies de les façonner et d'être façonnés par eux. Peut-être qu'ici aussi, en tant que société, en tant que nation, il nous est possible de nous accueillir chez nous et d'aimer à nouveau l'étranger que nous étions pour nous-même.

92 – ULTIME FRONTIÈRE

L'ultime frontière pour nous, ce ne sont ni les océans, ni l'espace, aussi intéressants et attirants soient-ils. L'ultime frontière, la plus importante, la plus urgente, est l'esprit humain. C'est nous connaître nous-mêmes, et surtout, de l'intérieur ! L'ultime conscience est notre propre conscience.

93 – CHANGER DE REGARD

Nous connaître nous-même est un défi et une **invitation à changer de regard,** à effectuer une **rotation dans la conscience** qui peut être aussi vaste que le monde mais en même temps aussi proche que ce moment, ce souffle, dans ce corps, dans cet esprit et ce cœur que vous et moi, que nous tous, apportons à ce que j'appelle le paysage de l'instant présent.

94 – POINT DE BASCULE

Nous nous trouvons à un moment unique de notre histoire, à un point de bascule majeur. Notre époque offre de singulières opportunités qu'il s'agit de saisir et d'employer à chaque souffle. Il n'y a qu'une seule manière de nous y prendre. En incarnant dans nos vies qui se déploient ici et maintenant nos valeurs les plus profondes et notre compréhension de l'essentiel – et en les partageant entre nous, persuadés qu'avec le temps, ces actions incarnées, même à l'échelle la plus modeste, entraîneront le monde vers une sagesse et un **équilibre mental et corporel plus grands.**

95 – TÉMOIGNER

Gandhi le savait. Martin Luther King le savait. Jeanne d'Arc le savait. Tous trois ont **déplacé des montagnes à la force de leur conviction,** et tous trois l'ont payé de leur vie, ce qui n'a fait que déplacer encore davantage les montagnes. Ils représentaient, avec toute leur conviction, ce qu'ils savaient au fond d'eux-mêmes. Et ils le savaient avec leur cœur au moins autant qu'avec leur tête. Prendre ainsi position n'a absolument rien de passif.

Simplement
témoigner
change tout.

96 – LE MONDE CHANGERA

Il n'est pas nécessaire de renoncer à sa vie pour témoigner de l'injustice et de la souffrance. Plus nous témoignerons **en demeurant dans une conscience chaleureuse,** plus nous en ferons un mode de vie, et plus le monde changera, car nous ne sommes ni plus ni moins que le monde. Mais il s'agit parfois, le plus souvent, d'un processus long, lent, du travail de plusieurs générations. Pourtant, parfois, **un point de bascule** est atteint alors que rien ne le prédisait, y compris l'instant d'avant. Les choses se mettent alors à changer, elles pivotent, se transforment – et très vite.

97 – PAS D'ABSOLU

Plus nous disons ou pensons que nous savons absolument ce qui est juste, plus nous sommes susceptibles d'y croire. Il s'agit alors d'une autre **construction non examinée** du mental, et donc d'un **obstacle** à la liberté, à l'honnêteté et à la vraie moralité mêmes que nous prônons pour les autres et que nous affirmons apprécier et appliquer dans notre vie. Nous pouvons sentir à quel point ce genre de pensées sont dangereuses, surtout si nous n'en avons pas conscience, car c'est précisément ce que chacun pense, peu importe son point de vue. « J'ai raison et ils ont tort. » « Je sais ce qui est juste, eux non. » « Qu'est-ce qui ne va pas chez eux ? » Puis nous nous mettons en quête d'explications. Et les ennuis commencent.

98 – COMPRÉHENSION MUTUELLE

Le dialogue en pleine conscience invite à une vraie écoute, et une vraie écoute élargit notre façon de connaître et de comprendre. Au final, elle élève le discours et augmente les chances d'apprendre et de grandir progressivement en comprenant nos points de vue respectifs plutôt qu'en renforçant simplement nos positions et en caricaturant tous ceux qui ne sont pas d'accord avec nous.

99 – LIBÉRATION

La pleine conscience a réellement trait à la liberté. Elle est d'abord et surtout une pratique libératrice. C'est une façon d'être qui nous rend notre vie, et notre bonheur, ici même, à cet instant même – qui l'arrache des griffes de la non-conscience et des habitudes d'inattention et de somnambulisme susceptibles de nous emprisonner et d'être aussi douloureuses que la perte de nos libertés extérieures. Et l'une des manières de nous libérer est de nous empêcher de prendre sans cesse les mêmes décisions imprudentes, dont les conséquences sont évidentes et pourraient être appréhendées, si seulement nous voulions regarder et voir réellement.

100 – DÉMOCRATIE

La pleine conscience peut être un catalyseur naturel de l'approfondissement et de l'élargissement de la démocratie, une démocratie dans laquelle la liberté est incarnée dans notre rhétorique, nos lois, nos institutions et leur mise en œuvre dans la pratique, mais également dans notre sagesse et notre compassion durement acquises comme citoyens individuels. La paix et le bonheur ne sont pas des marchandises susceptibles d'être achetées ou accordées, mais des qualités incarnées et vécues. Elles ne peuvent qu'être incarnées et vécues en pratique, et pas seulement à travers l'énonciation de principes, aussi nobles soient-ils.

« Le vrai voyage, ce n’est pas de chercher de nouveaux paysages mais un nouveau regard. »

Marcel Proust

101 – MONDE MALSAIN

Si les autres ne sont pas libres, alors, d'une manière très concrète, nous ne pouvons être complètement libres ou en paix, comme nous ne pouvons être sains dans un monde malsain.

102 – UN MODE DE VIE

Peut-être est-il temps de reconnaître à quel point nous sommes distraits, peut-être est-il temps d'y mettre un terme et d'en faire un mode de vie. Imaginez comme ce serait sain pour nous et pour le monde entier. Nous pourrions réellement connaître la paix parce que nous serions paisibles. Pas naïfs, pas faibles, pas impuissants, mais réellement puissants, incarnant la paix et appréciant la paix, dans notre véritable force, dans notre véritable sagesse.

103 – LE SILENCE EST PRIÈRE

Lorsqu'une perte éveille en soi une grande tristesse ou une peine, après les plaintes et les larmes, après s'être arraché les cheveux, vient le temps de **se taire.** Le silence est l'ultime prière.

104 – OBSERVANCE

Nous parlons d'observance pour désigner un moment de silence. Comme c'est approprié. Il s'agit d'un moment de pur être. Mais également d'un signe adressé à quelque chose de profond en nous, que nous ne touchons que brièvement, avant de nous en éloigner, peut-être par gêne ou simple manque de familiarité. Il s'agit d'un témoignage. Dans ce témoignage, non seulement nous supportons notre fardeau plus facilement, mais nous démontrons que nous sommes plus vastes que lui, que nous avons la capacité de l'étreindre, de l'honorer et de lui donner, ainsi qu'à nous-mêmes, un contexte, et donc de le dépasser sans jamais oublier.

105 – APPEL À L'ÉVEIL

La cloche de la pleine conscience sonne à tout moment, nous invitant à revenir à nos sens, nous rappelant que nous pouvons nous éveiller à notre vie, maintenant, tant qu'il en est encore temps.

106 – INTERDÉPENDANCES

Les êtres humains que nous sommes sont tous intimement interdépendants. La façon dont nous nous traitons les uns les autres a un impact sur notre santé et notre bien-être, peut-être même sur notre survie en tant qu'espèce, pas dans un futur lointain, mais à cet instant même. La **gentillesse** est la réponse à notre reconnaissance de l'interdépendance. Et c'est dans cette gentillesse que se trouve la **vraie sagesse.**

107 – ASSUMER TOTALEMENT NOTRE NOM

Peut-être est-il temps d'assumer totalement le nom que nous avons donné à notre espèce, *Homo sapiens sapiens* – l'espèce qui sait et qui sait qu'elle sait –, de reconnaître notre sentience et, au sens propre comme au figuré, de revenir à nos sens tant qu'il en est encore temps.

108 – TOUT LE RESTE SUIVRA

En définitive, ce qui est en jeu n'est ni plus ni moins que notre cœur même, notre humanité même, notre espèce et notre monde. Ce qui nous est accessible est l'éventail entier de ce que nous sommes. Ce qui nous est demandé n'a rien d'extraordinaire, il suffit que nous nous mettions à faire attention et que nous nous éveillions aux choses telles qu'elles sont. Tout le reste suivra.

2

COMMENT MÉDITER ?

Considérations pratiques

Prendre un moment chaque jour pour se reconnecter à soi

Comme vous le savez probablement, la pleine conscience est une pratique ancienne, de plus de deux mille cinq cents ans, que les traditions méditatives bouddhistes ont portée à son aboutissement. Mais, par essence, elle est universelle, puisqu'elle consiste à cultiver notre capacité à prêter attention et à affiner notre conscience. La pleine conscience, ou conscience sans jugement de chaque instant, n'est ni plus ni moins qu'une manière de se connecter à un sentiment profond de confort, d'équilibre, de lucidité et de liberté au sein de notre propre vie, à la fois physiquement et émotionnellement. C'est une façon d'incarner l'équilibre mental, la clarté et l'harmonie dans l'instant présent, y compris dans les moments les plus pénibles. Elle prend soin en profondeur de nous-mêmes et de nos relations aux autres et au monde entier. Mais elle doit être entretenue régulièrement et cela implique que l'on se réserve chaque jour un moment pour se livrer à la pratique formelle et porter une attention douce à tous les aspects de notre vie.

La pleine conscience est une façon systématique et particulièrement fiable de reprendre contact avec nous-mêmes et avec ce qui compte le plus dans notre vie, pas dans un avenir lointain, mais au seul moment qu'il nous est donné d'habiter, ce moment-ci. Elle nous apprend à étendre le champ de notre conscience jusqu'à inclure l'intégralité de notre expérience, en commençant, au plus près de nous, notre corps et notre souffle, avant de s'élargir à mesure que le cœur devient plus grand et plus aimant, le corps plus serein et plus vivant, et le mental plus vaste.

La méditation n'est pas une technique

Dans la pleine conscience, aussi étrange que cela puisse paraître, nous n'essayons pas de réparer quoi que ce soit, ni de résoudre nos problèmes. Curieusement, il suffit parfois de les appréhender en conscience, moment après moment, sans les juger, pour qu'ils tendent à se dissiper d'eux-mêmes. Il se peut alors que vous voyiez votre situation sous un jour nouveau ; apparaissent de nouvelles façons de l'aborder avec créativité, grâce à votre stabilité et à votre clarté d'esprit grandissantes, à votre sagesse et à votre attention à ce qui compte le plus.

Nous n'essayons pas d'accéder activement à un état de relaxation profonde, ni même à aucun autre état, lorsque nous pratiquons la pleine conscience. Mais, chose intéressante, en nous ouvrant à une conscience des choses telles qu'elles sont réellement à l'instant présent, nous goûtons souvent à des états très profonds de relaxation et de bien-être, aussi bien corporels que mentaux, même lorsque nous sommes confrontés à de graves difficultés.

Je ne compte plus le nombre de personnes qui m'ont dit récemment : « Je ne sais pas ce que j'aurais fait sans cette pratique », en parlant de toutes les difficultés et les angoisses possibles et imaginables auxquelles nous sommes susceptibles d'être confrontés en tant qu'êtres humains à un moment ou à un autre de notre vie, en général quand nous nous y attendons le moins et que nous avons beaucoup de mal à l'accepter. La pleine conscience peut révéler ce qu'il y a de plus profond et de meilleur en nous et lui donner vie de façon très pratique et imaginative à l'instant même où nous en avons le plus besoin.

> Dans ce monde où nous sommes désormais connectés 24h/24 et 7j/7, soumis au stress de l'accélération perpétuelle du temps, qui s'ajoute à toutes les autres pressions auxquelles nous sommes confrontés dans la vie, la pleine conscience est aujourd'hui plus nécessaire et potentiellement plus bénéfique que jamais.

Pratiquer la méditation : un acte d'amour radical

Plus je pratique la pleine conscience, plus elle me semble un choix profond et une affirmation de la vie, un acte radical en soi, au fond, un acte d'amour radical. Car c'est un acte d'amour que de s'arrêter simplement et de se livrer à son expérience, c'est-à-dire l'étreindre en conscience telle qu'elle est à tout moment, sans chercher à produire quoi que ce soit d'autre, quoi que ce soit de nouveau, de « spécial », d'« important », d'agréable, pour pouvoir se sentir satisfait, complet, ou entier.

Car nous sommes déjà entiers, même si nous l'ignorons la plupart du temps et que nous convoitons frénétiquement ce qui nous semble nous manquer ou *devoir* simplement se produire. Par la même occasion, peut-être perdons-nous contact avec ce que nous avons de plus profond et de meilleur en nous, et qui, ironiquement, peut nous apporter le bonheur et le bien-être authentiques, non pas dans un avenir rêvé, mais ici même, et à cet instant même de notre vie.

Car nous sommes entiers, peu importe les situations et les difficultés auxquelles nous sommes confrontés, et nous sommes mieux armés face à ces situations et ces difficultés si nous apprenons à habiter cette « entièreté ». C'est donc également un acte de grande sagesse que de se souvenir de notre entièreté, et de lui rendre visite à l'occasion, ou de l'habiter de manière régulière, et de s'exercer à le faire de manière formelle et disciplinée. Car, la plupart du temps, nous pratiquons activement le contraire, ce que l'on pourrait appeler l'absence de conscience, ou l'inconscience. Et plus nous pratiquons l'inconscience, plus nous progressons en inconscience.

C'est là qu'intervient la pleine conscience. Notre aptitude innée à la conscience est un miracle et un immense mystère. Nous habitons et utilisons la conscience chaque jour mais, en général, sans vraiment le savoir, car la plupart du temps nous sommes perdus dans notre tête, dans nos pensées, et emportés par nos émotions les plus douloureuses et troublées. Nous avons tendance à tenir notre conscience pour acquise et donc à ne pas la développer jusqu'à sa pleine expression. Pourtant, c'est en elle que reposent en réalité notre liberté et notre bien-être.

Le développement du paysage de la conscience est cet acte d'amour et de bienveillance radical dont je parle, et ces méditations guidées vous offrent un certain nombre de portes d'accès à son domaine, les portes du monde sensoriel, de la vue, de l'ouïe, de l'odorat, du goût, du toucher et d'autres sens que nous ne reconnaissons généralement pas en tant que tels : la proprioception, l'intéroception, et la dimension connaissante de l'esprit même, ce que nous appelons la connaissance non conceptuelle, qui est plus vaste que la pensée mais peut inclure les pensées et les émotions : c'est-à-dire la conscience même. L'éveil des sens, à la fois métaphorique et littéral, est une pratique qui nous enracine dans le miracle de notre corps et de notre mental, et qui nous entraîne bien au-delà des frontières conventionnelles du corps et de l'esprit.

La culture de la pleine conscience, que l'on pourrait aussi bien appeler « plein cœur », au cours de séances de pratiques formelles assise, couchée, debout ou marché, mais également dans la conduite de notre vie quotidienne, peut devenir elle-même l'aventure de toute une vie, surtout si nous sommes disposés à l'entretenir comme si notre vie en dépendait, ce qui est certainement le cas.

En définitive, l'efficacité de ces programmes de méditations guidées dépend de votre volonté de les pratiquer régulièrement. Je vous souhaite de tenir cet engagement pris envers vous-même. Il s'agit ni plus ni moins d'un acte d'amour radical, un acte d'égard pour vous-même et de respect pour votre sagesse intérieure et votre capacité de guérison profonde. Puisse votre pratique de la pleine conscience prendre racine, se développer et continuer de fleurir et de nourrir votre vie moment après moment et jour après jour.

Comment utiliser les CD ?

Ces méditations guidées sont des outils qui appellent et méritent un peu plus qu'une simple écoute. Elles sont destinées à être utilisées de manière régulière pour vous aider à développer et à approfondir une pratique méditative quotidienne ainsi qu'à renforcer les qualités de la pleine conscience – la compassion, y compris l'autocompassion, et l'amour bienveillant – dans tous les aspects de votre vie. Les programmes varient de 10 à 45 minutes. Le vrai défi, peu importe le CD que vous choisissez pour travailler à tout moment, est de vous extraire totalement du temps et de pénétrer dans l'intemporalité de l'instant présent.

Tous les CD incluent des moments de silence de durée variable pour vous permettre d'être en contact avec votre propre expérience, moment après moment, en vous guidant avec les consignes données lorsque je parle. Mais, une fois de plus, le vrai défi est de vous approprier chaque séance, y compris lorsque je parle, en plongeant « sous » mes mots et l'objet, l'endroit et la façon dont ils vous invitent à prêter attention. Le programme entier, et non plus seulement les périodes de silence, permet ainsi de cultiver la pleine conscience.

Je vous suggère de suivre les instructions le mieux possible, sans vous laisser enfermer en elles, de percevoir et de vous ouvrir à ce qu'elles désignent, plutôt que d'y penser de manière cérébrale et conceptuelle, ou d'essayer de comprendre leur utilité, ce que vous êtes censé ressentir. Tout ce que vous éprouvez (et pensez) est ce que vous êtes « censé » ressentir ou penser. La question est de savoir si vous pouvez en être conscient et si vous pouvez élire domicile, au moins temporairement, dans cette conscience.

Ces programmes développent plusieurs des pratiques en pleine conscience décrites dans *L'Éveil des sens,* à commencer par la pleine conscience de la respiration et la pleine conscience des sons. Mais aussi des techniques de base comme le scan corporel qui fait partie de mon programme de MBSR[1], tel que je l'ai développé dans l'ouvrage *Au cœur de la tourmente, la pleine conscience*[2].

---

1 - *Mindfulness based stress reduction program.*

2 - MBSR, *la réduction du stress basée sur la mindfulness : programme complet en 8 semaines*, De Boeck, Bruxelles, 2009.

Comment et par quoi commencer ?

Peu importe par laquelle de ces douze méditations vous commencerez votre pratique : en un sens, ce sont différentes portes qui ouvrent sur une même pièce, celle de la pleine conscience et de la présence bienveillante. Vous pouvez écouter plusieurs fois de suite la même méditation pour approfondir l'expérience que vous en aurez. Ou bien vous pouvez essayer plusieurs méditations et choisir celle qui convient le mieux à votre tempérament ou aux circonstances. Avec le temps, vous apprendrez à habiter votre propre intériorité indépendamment des instructions que vous entendrez.

Il existe des méditations de différentes durées et je vous invite naturellement à en choisir une en fonction du temps dont vous disposez. Mais rappelez-vous ceci : en réalité, la pleine conscience consiste à être dans l'instant présent, avec la dimension d'intemporalité que cela suppose. La volonté d'être dans l'instant présent peut vous accompagner tout au long de la journée. Alors, votre vie telle que vous la vivez et votre pratique de la méditation deviennent une seule et même chose.

Si vous souffrez de douleurs chroniques ou d'un problème de santé, peut-être serait-il préférable que vous commenciez par le scan corporel, comme le font nos patients lorsqu'ils entament leur programme dans notre clinique de réduction du stress. Nous leur proposons de pratiquer tous les jours les 45 minutes que dure le body scan. Au bout de deux semaines, ils peuvent commencer d'autres méditations guidées comme les différentes méditations assises.

Mais si vous le souhaitez, vous pouvez essayer sans attendre la méditation de la montagne ou la méditation du lac, que vous ayez ou non des soucis de santé. Car ces deux méditations utilisent des images qui parlent à l'esprit et permettent peut-être de mieux entrer dans le processus. La méditation de l'amour bienveillant est aussi une autre porte d'entrée possible.

Après la méditation ?

Quelques mots sur la transition entre la méditation et ce qui suit dans votre journée. Dans tous les cas, souvenez-vous qu'il ne doit pas forcément s'agir d'une rupture avec la pratique, comme il ne s'agit pas d'une rupture avec votre vie. C'est la même pratique que lorsque vous êtes assis ici avec les sons et la conscience que vous les entendez. La conscience peut vous accompagner, que vous alliez à la salle de bains, que vous vous habilliez ou déshabilliez, que vous vous prépariez à aller au travail, que vous réveilliez vos enfants, que vous preniez votre petit déjeuner ou que vous cuisiniez le dîner, c'est à chaque fois la même pratique. Soyez sensible à l'endroit où se trouve le mental, d'un instant à l'autre, à la qualité de la conscience même, à la qualité de votre intention. Alors, le mieux possible, formez l'intention d'appliquer à chaque aspect de votre vie la même qualité d'attention incarnée, de pleine conscience, de vigilance neutre, moment après moment, que dans la méditation. Et vous pouvez utiliser la respiration, les sons et les intervalles entre les sons, le silence même, voire le timbre de votre propre voix, comme points d'ancrage de votre attention et comme occasions de refléter à cet instant votre intention nouvelle, votre motivation nouvelle à cultiver la pleine conscience, à vivre votre vie pleinement, à être pleinement éveillé pour elle, à être présent dans et pour cette vie, peu importe ce qu'elle est.

Les méditations guidées

Scan corporel

(45 minutes) – *Piste 1*

Le scan corporel permet de pénétrer et de demeurer dans un état de relaxation physique et mentale très profond.

Vous choisirez de préférence un endroit chaleureux et protégé où vous vous sentirez à l'aise et en sécurité, et un moment de la journée où vous ne serez pas interrompu, y compris par le téléphone. Vos vêtements seront amples et confortables, des vêtements qui ne vous serrent pas la taille et ne vous empêchent pas de respirer.

Ce moment qui vous est exclusivement réservé est une occasion d'être seul avec vous-même, pleinement. Voyez s'il est possible de faire de ce moment un moment nourrissant, que vous méritez, destiné à vous procurer de l'énergie positive et de l'attention. Un moment destiné à vous ouvrir aux sources de la force et de la guérison en vous-même…

Méditations assises de 10, 20 et 30 minutes

– Pistes 2, 3 et 4

Les méditations assises sont une initiation aux éléments de base de la méditation formelle en pleine conscience. Elles vous montrent la voie de l'attitude intérieure et extérieure, reflétée par votre posture et la qualité de votre attention.

Vous pouvez vous asseoir sur une chaise ou bien par terre, vous appliquant simplement à être pleinement éveillé, pleinement présent à ces instants. Si cela vous convient, vous pouvez fermer doucement les yeux. Sinon, vous laissez votre regard flotter en direction du sol ou d'un mur. Vous vous ouvrez simplement à la sensation du souffle qui entre et sort de votre corps…

Vous pouvez passer progressivement de la version de 10 minutes à celle de 20, puis de 30 minutes, à mesure que votre concentration et votre conscience s'approfondissent, au fil du temps.

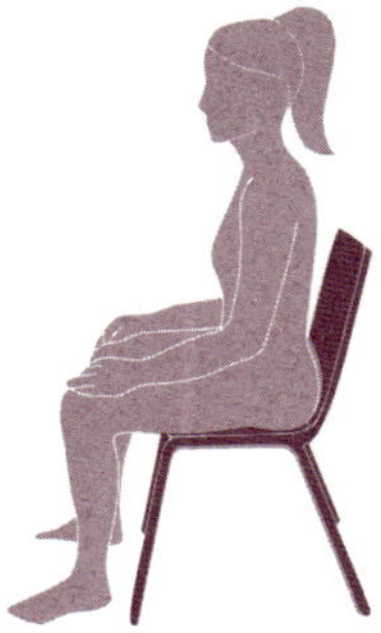

Assis sur une chaise,
tête et dos alignés,
à distance du dossier

Assis au sol sur un coussin
de méditation ou zafu,
jambes croisées

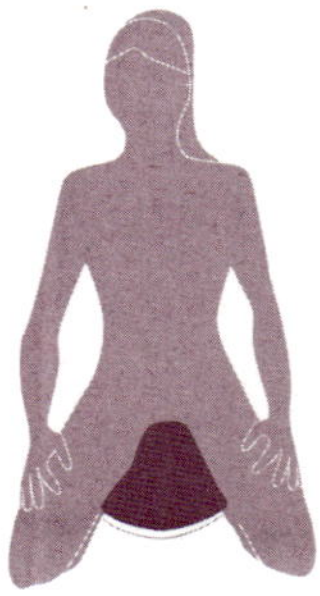

À genoux au sol sur
un zafu placé entre
les pieds

Méditation marchée

(10 minutes) – *Piste 5*

La méditation marchée en pleine conscience peut être pratiquée seul, une fois que vous aurez écouté les instructions du CD. Il s'agit d'accorder à la marche la même qualité d'intention et d'attention que dans les autres pratiques méditatives.

La méditation marchée formelle est l'occasion d'insuffler de la conscience à une dimension de notre vie quotidienne que nous pratiquons généralement de manière parfaitement machinale.

Pour ceux qui ne peuvent pas ou n'aiment pas rester immobiles, c'est une manière idéale et particulièrement efficace de maintenir une pratique continue, en alternance avec des séances de pleine conscience assise ou couchée.

Chacun est libre de choisir son allure, mais quand nous l'enseignons dans le programme MBSR, nous marchons très lentement, à petits pas, en percevant simplement ce que cet acte implique moment après moment, et pas à pas.

Méditation du souffle

(20 minutes) – *Piste 6*

Dans cette méditation, nous laissons peu à peu notre attention se poser délicatement sur le va-et-vient du souffle, en choisissant comme centre premier de l'attention une région du corps où ces sensations sont les plus claires. Peut-être le ventre, où nous sentons l'abdomen se gonfler doucement à l'inspiration, puis se dégonfler doucement à l'expiration. Ou bien les narines, dans lesquelles nous percevons le passage de l'air qui entre et qui sort. Peut-être préférez-vous la sensation plus vaste de chaque respiration dans sa totalité, descendant des narines jusqu'au ventre. Ou n'importe quel autre endroit du corps où le souffle est le mieux perceptible…

Et, sans se forcer, sans s'acharner ni fournir aucun effort, on chevauche doucement les vagues du souffle, instant après instant, en percevant dans le corps les sensations associées au souffle qui entre et qui quitte le corps… Sans attirer le souffle à l'intérieur, ni le repousser à l'extérieur. Sans rien forcer.

Avec la pratique, nous apprenons à nous poser et à demeurer dans la conscience même, tandis que le souffle et d'autres sensations corporelles sont « représentés » au sein du champ de la conscience, presque comme si nous « conscientisions » sans faire quoi que ce soit, tel un miroir qui inclut simplement ce qui se présente dans son champ, sans être l'observateur d'un objet distinct de nous.

Le domaine de l'être

Demeurer dans la pleine conscience et être la connaissance qu'est la pleine conscience, sans rien forcer, voilà le thème commun de toutes ces méditations guidées, même si elles présentent différents aspects des paysages intérieur et extérieur de notre expérience. Grâce à une pratique régulière, nous sommes de plus en plus familiers et intimes avec ces paysages et ce qui se déploie moment après moment en eux.

Par la même occasion, nous sommes de plus en plus intimes avec le « domaine de l'être », cet aspect de ce que nous sommes et de qui nous sommes, qui est bien plus vaste et magnifique que les histoires que nous nous racontons sur ce que et sur qui nous sommes.

Méditation de la montagne

(20 minutes) – *Piste 7*

La montagne évoque une image puissante. C'est un symbole sacré dans la plupart des cultures. Cette méditation peut vous aider à approfondir votre concentration, à élargir le champ de votre conscience et à étendre votre réceptivité au geste intérieur qu'implique la pratique de la pleine conscience : de la même manière que nous nous asseyons en méditation, nous pouvons apprendre à « expérimenter » la montagne.

Nous pouvons incarner la même immobilité et le même enracinement inébranlables, malgré les changements de notre vie, au fil des secondes, des heures, des années.

Nous faisons constamment l'expérience de la nature changeante du mental et du corps et du monde extérieur. Nous avons nos propres moments de lumière et d'obscurité, nos moments de couleur, nos moments de grisaille… Idéalement, la méditation de la montagne devrait être exécutée assis.

Méditation du lac

(20 minutes) – *Piste 8*

L'image du lac est elle aussi très puissante, « miroir qu'aucune pierre ne peut briser », dit Thoreau dans *Walden.* Elle peut nous rappeler le lac en nous, l'intensité changeante de nos pensées et de nos émotions, avec, sous la surface du mental, le vaste réservoir de conscience.

La posture allongée sur le dos est idéale pour la méditation du lac.

Paysage sonore

(27 minutes) – *Piste 9*

Cette méditation nous propose de cultiver la pleine conscience en entendant tout ce qui se présente à nos oreilles, en nous rendant attentif au « paysage sonore ».

Nous nous consacrons entièrement à entendre ce qui est déjà là, instant après instant. Restant simplement assis, sans rien écouter, en laissant les sons et les intervalles entre les sons, quels qu'ils soient, proches ou lointains, agréables, désagréables, ou neutres, se présenter aux portes de l'esprit qui entend.

La posture intérieure

Un certain type d'énergie est essentiel dès lors que l'on adopte une posture confortable pour pratiquer. C'est un acte qui mêle un certain type d'intention à un certain type d'attention, désigné parfois dans la tradition bouddhiste comme « l'effort juste », c'est-à-dire sage, et comparé par le Bouddha à un instrument que l'on accorde : trop lâche, la corde ne produit pas vraiment de son, trop tendue, elle peut se briser. Il faut donc rechercher le bon équilibre : juste ce qu'il faut, juste la qualité d'attention et d'intention nécessaire. Et, bien que la posture soit une aide, ce qui importe réellement, c'est la posture intérieure et l'attitude intérieure. L'intérieur et l'extérieur se soutiennent et se reflètent mutuellement.

Paysage mental

(20 minutes) – *Piste 10*

On pourrait appeler « paysage mental » l'expérience des pensées et des émotions qui se déploient d'un moment à l'autre. Dans cette méditation, nous reconnaissons les pensées et les émotions qui surviennent comme des événements mentaux, des sécrétions de l'esprit. Non des faits.

Au lieu de nous identifier à leur contenu, nous apprenons à les voir de manière plus impersonnelle, comme des tendances météorologiques, des vagues à la surface du vaste océan de l'esprit.

Quand méditer ?

Si vous pouvez organiser votre vie de manière à pratiquer la méditation à un moment de la journée durant lequel vous êtes à l'aise et où vous ne risquez pas d'être dérangé, c'est une bonne chose. Le matin est une période idéale pour cette pratique formelle ; mais en fin de compte, essayez plusieurs solutions jusqu'à ce que vous trouviez la formule qui vous convienne.

Méditation de l'amour bienveillant

(47 minutes) – *Piste 11*

Il s'agit d'une longue méditation de l'amour bienveillant, dirigée aussi bien à l'intérieur qu'à l'extérieur, au cours de laquelle nous cultivons l'intimité avec le paysage de notre propre cœur, le paysage du cœur. Nous ouvrons à son aptitude au soin, à l'empathie et à la guérison profonde envers nous-même et envers les autres.

L'amour bienveillant, ou *metta* en langue pali, est l'une des quatre pratiques fondamentales enseignées par le Bouddha. Il existe quatre demeures divines ou demeures célestes, comme on les appelle, c'est-à-dire quatre états mentaux : l'amour bienveillant, la compassion, la joie altruiste et l'équanimité. Toutes sont de rigoureuses pratiques méditatives en soi, destinées essentiellement à développer le *samadhi* ou « attention concentrée sur un point », d'où émergent les pouvoirs des qualités invoquées, qui transfigurent le cœur. Mais, en réalité, l'essence de ces pratiques est présente et accessible dans toutes celles que nous avons déjà évoquées. Cependant, nommer explicitement ces qualités de cœur et expliciter leur rôle dans notre pratique peut nous aider à les reconnaître lorsqu'elles surviennent spontanément en pleine conscience. C'est aussi un moyen d'incliner le cœur et le mental plus fréquemment dans leur direction, notamment dans les moments difficiles.

Dans la pratique, ces demeures célestes, en particulier l'amour bienveillant, servent souvent très concrètement d'antidote, aussi nécessaire qu'efficace, à des états d'âme comme la fureur, qui, à l'instant où ils surviennent, sont trop dévorants pour pouvoir être gérés par l'observation directe, à moins d'être un méditant très aguerri. Dans ces moments-là, la méditation de l'amour bienveillant peut pacifier notre relation aux états d'âme profondément douloureux, et nous permettre d'éviter de succomber complètement à leurs énergies. Elle les rend plus abordables, et elle les rend moins insurmontables.

Avec la pratique, l'observation directe, qui devient à elle seule l'incarnation de l'amour bienveillant et de la compassion, est capable d'étreindre tout état d'âme, aussi tourmenté et toxique soit-il. C'est en voyant et en connaissant la colère, le chagrin, ou tout autre état, cela avec une présence chaleureuse, non réactive et sans jugement, que leur nature nous apparaît. Et qu'ils s'atténuent, s'affaiblissent, s'évaporent, telle une bulle de savon frôlée du doigt ou des mots écrits sur l'eau. Ce qui émerge dans ces moments-là n'est rien d'autre que l'amour bienveillant, qui s'élève naturellement du silence prolongé, sans y avoir été invité, parce que, à aucun moment, il n'est pas déjà là.

Méditation sans objet

(30 minutes) – *Piste 12*

Au cours de la pratique de la méditation sans objet, nous renonçons à nous représenter et à être attentifs à des objets spécifiques d'attention, et invitons plutôt notre conscience à s'étendre suffisamment pour inclure absolument tout ce qui est susceptible d'apparaître à tout instant présent, dans le paysage du maintenant. Comme un miroir ne choisit pas de refléter, mais reflète tout ce qui se présente devant lui.

À travers notre pratique de la pleine conscience, nous cultivons une attention capable de gagner en stabilité et en intensité, surtout lorsqu'on pratique assidûment avec l'effort et l'intentionnalité justes. Cette conscience peut être étroite ou large, selon les circonstances. Elle peut reconnaître et accueillir toute sensation au sein du corps, y compris les sensations du souffle. Elle peut reconnaître et accueillir ce qui est vu, ce qui est entendu, ce qui est senti, ce qui est goûté et ce qui est touché, ainsi que les activités mentales que nous appelons la pensée et l'émotion… Et elle peut demeurer dans une connaissance non conceptuelle directe de tout ou chacun de ces aspects de l'expérience humaine, au-delà de la pensée, sans séparation ni identification… Et s'il nous arrive de tomber dans l'identification et la séparation, dans un sujet, un moi, et les objets que *je* observe, intérieurement ou extérieurement, la conscience est également capable de reconnaître cela et de rétablir la connaissance même, au-delà de toute séparation, au-delà de toute identification, au-delà des pronoms personnels, au-delà du je-moi-mien, au-delà de toute pensée…

Aussi, l'ultime extension, si l'on veut, à l'intérieur de ce cadre, consiste à abandonner le cadre, au sens où nous ne choisissons plus de focaliser la conscience sur un centre d'attention, mais de laisser le champ de la conscience illimité, puisque la conscience est véritablement, et a toujours été, illimitée… En revanche, comme nos propres efforts nous l'enseignent, chez les esprits non exercés à la pleine conscience, la conscience a tendance à se contracter et à former un noyau autour d'apparitions particulières, notamment d'événements dotés pour nous d'une charge émotionnelle. Puis elle tend à se figer et à devenir très étroite, ou très égoïste et égocentrique. À moins qu'elle ne tombe en désuétude totale, en d'autres termes, qu'il n'y ait pas de conscience du tout, mais seulement l'obsession… ou l'insipidité.

Attention !

N'écoutez pas ces méditations en conduisant !

Au final, quand vous vous serez approprié la pratique formelle, vous pourrez méditer sans ces CD, dans le silence et la tranquillité de votre vie de tous les jours. Ou peut-être les écouterez-vous de manière occasionnelle, pour peaufiner votre pratique, soutenir et améliorer la discipline quotidienne. Mais rien ne vous empêche de les utiliser en permanence lorsque vous méditez, comme le font beaucoup de gens.

Considérez le temps que vous consacrez à la pratique méditative comme un temps pour le « non-agir », un temps en dehors du temps des horloges, un temps simplement pour être avec vous-même, pour sortir complètement du mode de l'agir. L'engagement à pratiquer ainsi est un changement de style de vie majeur et particulièrement sain, pas si facile à réaliser, mais qui peut transformer votre vie.

Je vous encourage à pratiquer comme si votre vie en dépendait, car, en un sens profond, c'est certainement le cas.

TABLE DES MATIÈRES

DU MÊME AUTEUR

Où tu vas, tu es, J'ai Lu, 2005, 2013.

À chaque jour ses prodiges. Être parent en pleine conscience (avec Myla Kabat-Zinn), préface de Christophe André, Les arènes, 2012.

L'Esprit est son propre médecin. Le Pouvoir de guérison de la méditation (avec Richard Davidson et Zara Houshmand), Les arènes, 2014.

L'Éveil des sens. Vivre l'instant présent grâce à la pleine conscience, préface de Matthieu Ricard, Les arènes, 2009, 2014 (version intégrale).

Reconquérir le moment présent… et votre vie. La méditation de pleine conscience pour les débutants, Les arènes, 2014.

COMMENT UTILISER LE CD MP3 ?

Le CD joint à ce livre contient douze méditations guidées, soit plus de quatre heures d'enregistrement. Il est au format MP3 et peut être lu sur tous les appareils compatibles avec le format MP3, c'est-à-dire l'ensemble des ordinateurs personnels et un grand nombre de lecteurs de CD. Pour utiliser ce disque, veuillez choisir une des options suivantes :

Lecteur de CD ou de DVD compatible MP3

Si vous possédez un lecteur de CD ou de DVD muni du logo MP3, votre disque devrait pouvoir être lu normalement. Ce genre d'appareils est de plus en plus courant mais tous ne sont pas compatibles avec le format MP3. Même si c'est le cas de votre autoradio, nous vous déconseillons formellement d'écouter ces méditations en conduisant.

Ordinateur personnel

Vous pouvez écouter ce disque sur votre ordinateur personnel. Les logiciels multimédias varient en fonction des systèmes, mais les plus courants, comme iTunes et

Windows Media Player, lisent le format MP3. Insérez le disque dans le lecteur optique de votre ordinateur. Dans la plupart des cas, le logiciel multimédia démarre automatiquement et vous pouvez sélectionner les pistes que vous voulez. Si votre logiciel ne démarre pas automatiquement, vous devriez pouvoir ouvrir l'application et choisir la piste que vous souhaitez écouter dans le menu.

Lecteur portable

Grâce à votre logiciel multimédia, vous pouvez transférer le contenu de ce disque sur un lecteur portable de type iPod ou Zune. Veuillez vous référer aux consignes du fabriquant pour effectuer des téléchargements sur votre propre appareil.

MÉDITATION
LA COLLECTION DE RÉFÉRENCE

L'Éveil des sens
Vivre l'instant présent grâce à la pleine conscience
Jon Kabat-Zinn

Méditer, jour après jour
25 leçons pour vivre en pleine conscience
Christophe André
AVEC UN CD DE 10 MÉDITATIONS GUIDÉES

Reconquérir le moment présent… et votre vie
Jon Kabat-Zinn
AVEC UN CD DE 5 MÉDITATIONS GUIDÉES

Le Cerveau de Bouddha
Bonheur, amour et sagesse au temps des neurosciences
Rick Hanson avec le Dr Richard Mendius

À chaque jour ses prodiges
Être parent en pleine conscience
Myla et Jon Kabat-Zinn

Calme et attentif comme une grenouille
Eline Snel
AVEC UN CD DE 10 MÉDITATIONS GUIDÉES

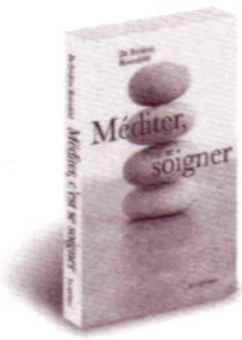

Méditer, c'est se soigner
Dr Frédéric Rosenfeld

Manger en pleine conscience
La méthode des sensations et des émotions
Dr Jan Chozen Bays
AVEC UN CD DE 10 MÉDITATIONS GUIDÉES

« La pleine conscience est une façon d'être. Son essence est universelle. »

Jon Kabat-Zinn

Apprendre à méditer
Bob Stahl et Elisha Goldstein
AVEC UN CD DE 21 MÉDITATIONS GUIDÉES

Le Pouvoir des petits riens
52 exercices quotidiens pour changer sa vie
Rick Hanson

Méditer au travail
Pour concilier sérénité et efficacité
Michael Chaskalson
AVEC UN CD DE 8 MÉDITATIONS GUIDÉES PAR CHRISTOPHE ANDRÉ

Frappe le ciel, écoute le bruit
Ce que vingt-cinq ans de méditation m'ont appris
Fabrice Midal

Un cœur tranquille et sage
La méditation, un art de vivre pour les enfants
Susan Kaiser Greenland
AVEC UN CD DE 8 MÉDITATIONS GUIDÉES

L'Esprit est son propre médecin
Le pouvoir de guérison de la méditation
Jon Kabat-Zinn et Richard Davidson

Cet ouvrage a été publié sous la direction éditoriale de Catherine Meyer avec la collaboration d'Aleth Stroebel et de Maude Sapin.

Conseillère technique : Charlotte Borch-Jacobsen

Maquette : Chloé Laforest

Révision : Liliane Crapanzano

IMPRIMÉ EN FRANCE

Achevé d'imprimer le 18 avril 2016
sur les presses de l'imprimerie « La Source d'Or »
63039 Clermont-Ferrand

Dans le cadre de sa politique de développement durable,
La Source d'Or a été référencée IMPRIM'VERT®
par son organisme consulaire de tutelle.
Cet ouvrage est imprimé - pour l'intérieur -
sur papier bouffant « Munken Print White » 90 g (main de 1,8)
provenant de la gestion durable des forêts,
produit par des papetiers dont les usines ont obtenu
les certifications environnementales ISO 14001 et E.M.A.S.

Dépôt légal : Septembre 2014
ISBN : 978-2-35204-357-7
N° d'impression : 18660